Dieses Buch gehört:

_____

Wir danken Prof. Dr. Kai Brodersen
für die fachkundige Beratung.

Das Vor- und Nachsatzpapier dieses Buches
zeigt Darstellungen des ägyptischen
Totenkults auf Papyrus bis zur
Grablegung in einer Pyramide.

5 4 3 2 1
ISBN 978-3-8157-7985-9
© 2008 Coppenrath Verlag GmbH & Co. KG, Münster
Alle Rechte vorbehalten, auch auszugsweise
Redaktion: Susanne Tommes
Printed in Italy
www.coppenrath.de

Alke Kissel und Manfred Rohrbeck

Weltwunder

Beeindruckende Bauwerke
von der Antike bis heute

COPPENRATH

Wahre Weltwunder!

- Gab es die Hängenden Gärten von Babylon wirklich?
- Für wen wurde der Tadsch Mahal gebaut?
- Woher stammen die großen Steine der Pyramiden von Gizeh?
- Warum kippte der Koloss von Rhodos um?
- Wie hoch ist der höchste Wolkenkratzer der Welt?
- Und was bedeuten die vielen Statuen auf der Osterinsel?

Tempel der Artemis

An zahlreichen Orten auf der Erde stehen faszinierende Bauwerke, wahre Weltwunder. Sie verraten viel über das Leben der Menschen ihrer Zeit, über die Baukunst, aber auch über Zukunftsvisionen. Ob längst verfallen oder noch gar nicht vollendet: Die Weltwunder, die in diesem Buch vorgestellt werden, werfen viele Fragen auf. Einige können geklärt werden, andere bleiben wohl für immer ein Geheimnis ...

Der erste Teil des Buches handelt von den Sieben Weltwundern der Antike – von ihren Baumeistern und den Legenden, die sich um ihre Werke ranken. Die meisten dieser Weltwunder befinden sich im Mittelmeerraum. Im zweiten Teil des Buches geht es um beeindruckende Bauwerke, die in anderen Teilen der Welt entstanden sind.

Machu Picchu

Freiheitsstatue

Inhaltsverzeichnis

Das Mausoleum von Halikarnassos

Die Hängenden Gärten von Babylon

Die Sieben Weltwunder der Antike

Die Sieben Weltwunder waren die beeindruckendsten Bau- und Kunstwerke der Antike. Jedes von ihnen hatte etwas ganz Besonderes: Einige waren berühmt wegen ihrer Größe, andere wegen ihrer Schönheit oder ihres prachtvollen Schmucks. Es hieß, jeder gebildete Mensch sollte diese Sehenswürdigkeiten einmal in seinem Leben gesehen haben.

Antike Schriftsteller besuchten diese außergewöhnlichen Bauwerke und hielten ihre Eindrücke fest. Ihre Aufzeichnungen waren so etwas wie die ersten Reiseführer der Geschichte. Die älteste, vollständig erhaltene Weltwunder-Liste hat wahrscheinlich der Grieche Antipatros von Sidon im zweiten Jahrhundert vor Christus verfasst. Ihm folgten viele weitere. Diese Listen waren jedoch nicht immer gleich, denn manche Autoren waren von einem Bauwerk mehr beeindruckt als andere: So gab es im Laufe der Zeit viele verschiedene Listen, in denen unterschiedliche Weltwunder verzeichnet waren. Auf den meisten Listen ist aber die heute anerkannte Aufzählung der folgenden Sieben Weltwunder zu finden.

Ephesos

Olympia

Halikarnassos

Rhodos

Was ist die Antike?
Das Wort Antike bezeichnet eine Zeitspanne in der Geschichte: Sie reicht etwa vom Jahr 800 vor Christus bis circa 600 nach Christus.

Alexandria

Gizeh

Wo befanden sich die Sieben Weltwunder?

Die Große Pyramide von Gizeh: Das riesige Grab des ägyptischen Herrschers Cheops wurde um 2550 vor Christus erbaut.

Die Hängenden Gärten von Babylon: Die farbenfrohe Gartenanlage ließ König Nebukadnezar II. etwa 600 vor Christus für seine Frau Amytis anlegen.

Die Zeus-Statue in Olympia: Das beeindruckendste Standbild des obersten griechischen Gottes fertigte Phidias, der berühmteste Bildhauer seiner Zeit, um das Jahr 430 vor Christus.

Der Tempel der Artemis: Für ihre Göttin Artemis ließen die Bewohner der Stadt Ephesos um das Jahr 500 vor Christus den prachtvollsten Tempel der damaligen Zeit errichten.

Das Mausoleum von Halikarnassos: Die berühmtesten Bildhauer der damaligen Zeit schufen um das Jahr 350 vor Christus für Herrscher Mausolos das prächtige Grabmal.

Der Koloss von Rhodos: Die Bewohner der Insel Rhodos ließen zu Ehren ihres Schutzgottes Helios etwa 300 vor Christus die riesige Statue aufstellen.

Der Pharos von Alexandria: Der erste und größte Leuchtturm der Antike wies Seefahrern etwa ab 280 vor Christus den Weg in den Hafen von Alexandria.

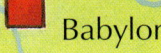

Babylon

Bis auf die Große Pyramide von Gizeh steht heute keines der Weltwunder mehr. Wie diese großartigen Bauwerke wirklich ausgesehen haben, lässt sich deshalb auch nicht mit Sicherheit sagen. Eine Vorstellung vermitteln Abbildungen, zum Beispiel auf alten Münzen, und Beschreibungen antiker Autoren, die bis heute erhalten geblieben sind. Von einigen Bauwerken konnten Forscher inzwischen einige Überreste ausgraben oder rekonstruieren.

Die Große Pyramide von Gizeh

Fast 4000 Jahre lang war die Große Pyramide von Gizeh das höchste Bauwerk der Welt. Sie heißt auch Cheops-Pyramide nach ihrem Erbauer, dem ägyptischen Herrscher Cheops, und steht am Westufer des Nils. Pharao Cheops regierte in Ägypten etwa von 2551 bis 2528 vor Christus. Pharao ist der Titel eines altägyptischen Königs. Ein Pharao war unglaublich mächtig, die Menschen verehrten ihn wie einen Gott. Schon zu seinen Lebzeiten ließ Cheops für sich ein gigantisches Grab errichten: die Große Pyramide von Gizeh. Die Ägypter glaubten daran, dass ihr König nach seinem Tod weiterleben würde. Über die gigantische Pyramide sollte seine Seele in den Himmel gelangen.

Bei ihrer Fertigstellung war die Pyramide 146 Meter hoch. Heute fehlen etwa zehn Meter der Spitze. Vielleicht ist sie bei einem Erdbeben heruntergefallen oder gestohlen worden. Es gibt Vermutungen, dass sie aus Gold war. Die Grundkanten der Pyramide haben jeweils eine Länge von 230 Metern.

Der Enkel von Pharao Cheops ließ sich ebenfalls ein Grabmal errichten: Die Pyramide des Mykerinos war etwa 65 Meter hoch und ist so die kleinste der drei Pyramiden. Sie war teilweise mit rotem Granit verkleidet.

Der Eingang der Pyramide lag an der Nordseite, etwa 17 Meter über dem Boden. Der heutige Zugang zur Pyramide mit Namen „Ma'muns Loch" wurde nach einer islamischen Überlieferung im neunten Jahrhundert nach Christus von Kalif Ma'mun ins Gestein gebrochen, als er versuchte, an die Schätze im Inneren der Pyramide zu gelangen.

Die Pyramide war außen mit leuchtend weißem Kalkstein verkleidet. Heute sind davon nur noch wenige Reste zu sehen. Die Außenverkleidung war so dicht verfugt, dass noch nicht einmal die Schneide eines Messers zwischen die einzelnen Blöcke passte.

Auffällig ist der Sphinx, die gewaltige Figur eines liegenden Löwen mit dem Kopf eines Mannes. Wahrscheinlich zeigt er das Haupt von Pharao Chephren, Sohn und Nachfolger von Cheops. Der Sphinx schaut in Richtung der aufgehenden Sonne, also nach Osten.

Die drei Königinnenpyramiden ließ Cheops wahrscheinlich für seine Ehefrauen und seine Mutter Hetepheres errichten.

„Luftschächte"

große Galerie

Königskammer mit
Entlastungskammern

Gänge

„Kammer der Königin"

unterirdische
Kammer

Elfenbeinstatue Cheops
(5,5 cm)

Die Pyramide ist nicht massiv: In ihrem Inneren befinden sich verschiedene Kammern, die über verzweigte Gänge miteinander verbunden sind. Pharao Cheops wurde in der so genannten Königskammer bestattet. Sie ist ganz mit Granit ausgekleidet. Im Raum steht ein steinerner Sarg, ein Sarkophag. Er muss bereits während des Baus der Pyramide in die Kammer gebracht worden sein, da er nicht durch die Gänge passt.

Der Bau der Pyramide

Es dauerte 30 Jahre, bis die Große Pyramide von Gizeh fertiggestellt war. Auf der Baustelle arbeiteten mehrere tausend Menschen. Wie viele es tatsächlich waren, ist nicht geklärt. Antike Autoren berichten, es seien über 360 000 gewesen. Diese Angaben bezweifeln Wissenschaftler von heute – so viele Menschen hätten niemals gleichzeitig an der Pyramide arbeiten können, ohne sich gegenseitig zu behindern.

Die Arbeiter, die die Pyramide errichtet haben, waren Untertanen von König Cheops. Er hat sie nicht zur Arbeit gezwungen. In ihren Augen war es eine Ehre, für ihren gottgleichen Herrscher ein so gigantisches Grabmal zu bauen.

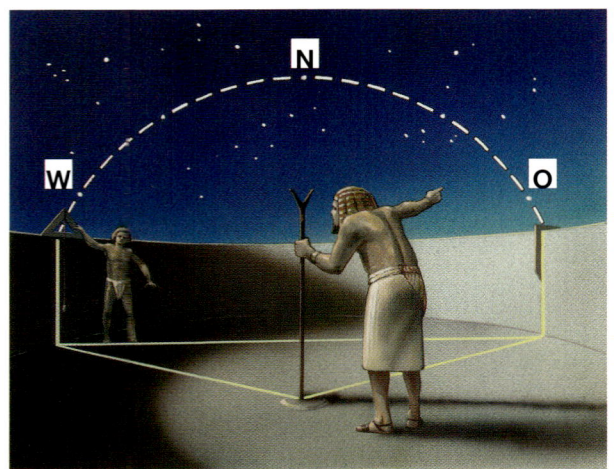  

1. Ausrichtung   2. Fundament   3. Steinbruch

Zunächst bestimmte Cheops einen geeigneten Platz für die Pyramide: das Plateau von Gizeh am Rand der Libyschen Wüste. Hier gab es einen festen Untergrund, der unter dem Gewicht der vielen Steinblöcke nicht einsacken würde. Und er lag in der Nähe des Nils. Das war wichtig, da der Nil der Hauptverkehrsweg der Ägypter war. So wurden Teile des Baumaterials mit Booten über den Nil transportiert.

Der Bau eines so gewaltigen Grabmals war unglaublich aufwendig: Damals gab es keine technischen Geräte oder anderen Hilfsmittel, wie sie auf heutigen Baustellen eingesetzt werden. Die Erbauer hatten nur ihre Muskelkraft und einfache Werkzeuge.

Fast alle Steinblöcke für die Pyramide stammten aus einem nahegelegenen Steinbruch südöstlich des Bauplatzes. Nachdem die Arbeiter einen Block aus dem Steinbruch herausgelöst hatten, brachten sie ihn mit einfachem Handwerkszeug wie Hammer und Meißel in Form. Da die Blöcke mit einem Gewicht von mehreren tausend Kilogramm zum Tragen viel zu schwer waren, zogen die Arbeiter sie auf einem Schlitten über einen Weg aus hölzernen Bohlen.

Am Bauplatz angekommen, mussten die Steinblöcke übereinander geschichtet werden. Das war der schwierigste Teil der Arbeit. Bis heute ist nicht endgültig geklärt, wie die Arbeiter diese Aufgabe bewältigt haben. Möglichweise haben sie eine lange, gerade Rampe angeschüttet, auf der sie die Steinblöcke und das andere Baumaterial nach oben befördert haben. Oder es gab eine Rampe, die sich spiralförmig um das Bauwerk wand.

Das Totenschiff

Mitte der 50er Jahre des letzten Jahrhunderts fanden Archäologen an der Südseite der Pyramide eine unterirdische Grube: Darin lag ein über 43 Meter langes hölzernes Schiff, das aus weit über 1200 Einzelteilen bestand. Da die Grube 4500 Jahre fest versiegelt war, befand sich das Schiff in unversehrtem Zustand. Möglicherweise wurde einst der einbalsamierte (= haltbar gemachte) Leichnam von König Cheops auf dem Totenschiff über den Nil transportiert.

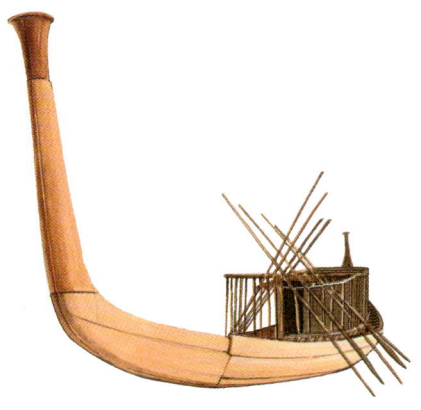

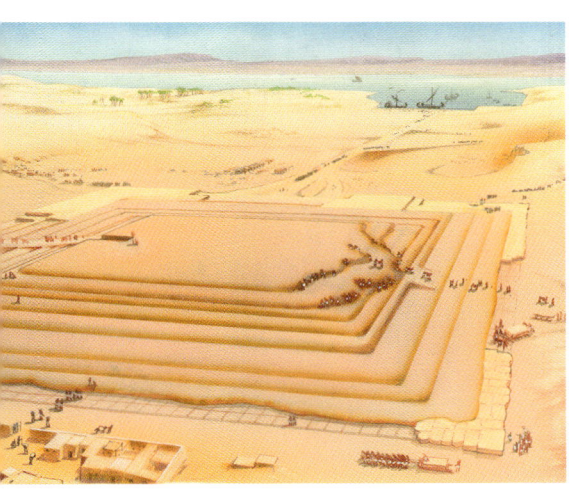

Baubeginn

1. Die Pyramiden wurden exakt nach Norden ausgerichtet.
2. Damit die Pyramide später gerade stand, musste das Fundament eingeebnet werden. Dazu legten die Ägypter Wassergräben an, die wie eine Wasserwaage funktionierten.
3. Um Steinblöcke aus dem Steinbruch zu lösen, meißelten die Ägypter Löcher in den Stein, in die sie Holzstücke steckten. Die wurden nass gemacht, sodass sie aufquollen und den Stein sprengten. Nun konnten die Steinblöcke herausgezogen werden.
4. Die ersten Steinblöcke sind gesetzt, der Bau hat begonnen.

Die Pyramiden heute

Von der leuchtend weißen Verkleidung der Pyramiden ist heute fast nichts mehr zu sehen, denn im Mittelalter verwendeten die Bewohner Kairos den Kalkstein, um Häuser und Moscheen zu bauen. Trotzdem sind die Pyramiden nach über 4500 Jahren noch immer ein faszinierender Anblick. Jedes Jahr kommen viele tausend Besucher nach Ägypten, um sich die Überreste von König Cheops' Grabanlage anzuschauen.

Die Hängenden Gärten von Babylon

Die Hängenden Gärten waren vermutlich eine riesige Gartenanlage in Babylon mit unzähligen grünen Bäumen und verschwenderisch blühenden Pflanzen. Sie sind das am wenigsten erforschte Weltwunder – bis heute gibt es keine gesicherten Hinweise, dass sie jemals wirklich existierten.

Das Königreich Babylonien erstreckte sich einst östlich des Mittelmeeres bis hin zum Persischen Golf. Seine Hauptstadt Babylon lag am Fluss Euphrat etwa 88 Kilometer südlich der Stadt Bagdad im heutigen Irak. Im sechsten Jahrhundert vor Christus regierte hier König Nebukadnezar II. Er war einer der größten Bauherren der Geschichte. Unter seiner Herrschaft wurde Babylon zur größten und eindrucksvollsten Stadt der Welt: Er ließ viele neue Straßen, Paläste und Tempel errichten. Viele Bauten waren mit blau glasierten Ziegeln geschmückt, einem besonderen Kennzeichen der babylonischen Architektur.

Irgendwo in dieser ersten Weltstadt sollen sich auch die Hängenden Gärten befunden haben. An welcher Stelle genau, wissen die Fachleute nicht. Der Überlieferung nach ließ König Nebukadnezar II. sie für seine Frau Amytis bauen. Amytis stammte aus Persien und hatte Sehnsucht nach den Bergwiesen ihrer Heimat. Deshalb soll sie ihren Mann gebeten haben, ihr einen Garten zu bauen, der sie an die persische Landschaft erinnerte.

Der Garten war in vielen Terrassen angelegt, sodass er von weitem aussah wie ein begrünter Berg. Welche Pflanzen im Garten wuchsen, weiß man heute nicht mehr. Von anderen Palastgärten der damaligen Zeit ist überliefert, dass dort Mandel- und Olivenbäume, Dattelpalmen und verschiedene Obstsorten wie etwa Granatäpfel, Pflaumen, Pfirsiche und Trauben angepflanzt wurden. Ähnliche Pflanzen dürften auch den Hängenden Gärten gestanden haben.

Überlieferungen zufolge haben damals viele Könige ihren Untergebenen den Befehl gegeben, von Feldzügen oder Reisen in die Ferne einige der dort heimischen Pflanzen für den Palastgarten mitzubringen. So dürfte es auch bei König Nebukadnezar gewesen sein: In den Hängenden Gärten waren also wahrscheinlich auch sehr viele exotische Pflanzen zu finden.

Damit die Erde immer feucht blieb, war der Garten gut abgedichtet: Schilfrohr, Asphalt, gebrannte Ziegel und Bleiplatten im Boden der einzelnen Terrassen sorgten dafür, dass keine Feuchtigkeit austreten konnte. Sklaven müssen unermüdlich damit beschäftigt gewesen sein, die unzähligen Pflanzen in der sengenden Hitze mit Wasser zu versorgen. Vermutlich gab es dafür ein spezielles Bewässerungssystem. Möglicherweise wurde das Wasser des Flusses Euphrat in Kanälen in den Garten geleitet.

Der Garten als Paradies

Viele orientalische Paläste hatten damals prächtig bepflanzte Gärten oder Parkanlagen. Diese Anlagen hießen im Persischen „pairidaeza". Daraus wurde das griechische Wort „paradeisos" – auf deutsch „Paradies".

Erde

Blei

Ziegel

Asphalt + Schilf

Steinbalken

Keller mit Brunnen

Die Mauern von Babylon

Babylon existierte zur Zeit Nebukadnezars II. wahrscheinlich bereits einige Jahrtausende. Doch erst während seiner Herrschaft im sechsten Jahrhundert vor Christus wurde es zur ersten richtigen Weltstadt.

In vielen Weltwunder-Listen, auch in der ersten komplett erhaltenen des Antipatros von Sidon, wird neben den Hängenden Gärten noch ein zweites Bauwerk in Babylon zu den Sieben Weltwundern gezählt: die gewaltige doppelte Stadtmauer. Sie umgab ganz Babylon und schützte die Bewohner so vor feindlichen Angriffen. Antike Schriftsteller haben behauptet, sie sei über 80 Kilometer lang gewesen. Das war allerdings eine Übertreibung. Aber sie brachte es immerhin auf stolze 18 Kilometer Länge. Außen verlief ein 80 Meter breiter, mit Wasser gefüllter Graben.

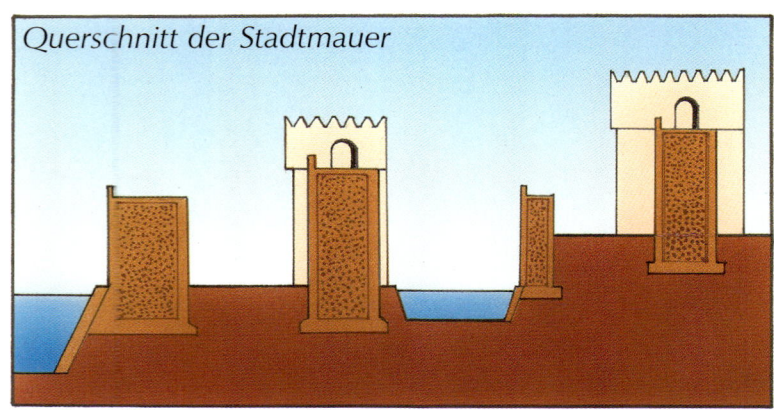

Querschnitt der Stadtmauer

Die Außenmauer bestand aus zwei Teilen: Einer etwa acht Meter dicken Mauer aus gebrannten Lehmziegeln und in zwölf Metern Abstand einer weiteren Mauer mit einer Dicke von sieben Metern.

Antike Schriftsteller berichten, dass die Mauer so breit war, dass auf ihr Wagen fahren konnten, die von vier Pferden gezogen wurden.

Die innere Stadtmauer war ebenfalls von einem Graben umgeben und aus zwei Einzelmauern gebaut: Die äußere hatte eine Dicke von über drei Metern, die zweite eine von etwa sechs Metern.

Leben in Babylon

Die Straßen Babylons waren ungepflastert und verliefen fast schnurgerade. Rechts und links säumten sie weiß verputzte Flachdachhäuser. In deren Innenhöfen spielte sich das Leben der babylonischen Familien ab: Hier empfingen sie Besucher oder tätigten Geschäfte, während kleine Kinder und Haustiere umherliefen. In einigen Vierteln gab es sogar eine Kanalisation. Auf den Straßen herrschte ein buntes Treiben: Viele Menschen kamen von weit her nach Babylon, um die prächtige Stadt einmal mit eigenen Augen zu sehen.

Acht Tore unterbrachen die Stadtmauer. Eines von ihnen war das Ischtar-Tor. Es war der babylonischen Göttin der Liebe und des Krieges, Ischtar, geweiht. Das Tor aus Lehmziegeln war etwa 40 Meter hoch und mit 575 Stieren und Drachen aus bunt glasierten Ziegeln verziert. Ein Nachbau des Tores steht heute im Vorderasiatischen Museum in Berlin. Das Ischtar-Tor führte auf die 800 Meter lange Prozessionsstraße. Beide Seiten säumten hohe Mauern, die mit 120 Löwen aus glasierten Ziegeln verziert waren. Löwen waren die Wappentiere der Göttin Ischtar.

Die Stadt wurde überragt von der so genannten Zikkurat, einem 90 Meter hohen stufenförmigen Turm, auf dessen Spitze ein kleiner Tempel stand. Er war dem Gott Marduk geweiht.

Nach 43 Jahren Regentschaft starb König Nebukadnezar II. im Jahr 562 vor Christus. Später eroberten die Perser die Stadt und zerstörten viele Gebäude. Um die Zeit von Christi Geburt begann der endgültige Verfall Babylons.

Die Zeus-Statue in Olympia

Die Zeus-Statue in Olympia war das größte und eindrucksvollste Standbild des obersten griechischen Gottes Zeus. Es stand in einem Tempel in Olympia in Griechenland. Rund um den Tempel fanden alle vier Jahre zu Zeus' Ehren die berühmtesten sportlichen Wettkämpfe, die olympischen Spiele, statt.

Die Statue hatte eine Höhe von 13 Metern, war also so groß wie ein viergeschossiges Haus. Ein goldener Kranz aus Ölzweigen schmückte das Haupt des Zeus. Allein die Figur

der Nike, der geflügelten Siegesgöttin, war etwa so groß wie ein Mensch. In der linken Hand hielt die Statue ein Zepter, das von einem goldenen Adler gekrönt wurde. Die Füße des Zeus' ruhten auf einer Fußbank, die von Löwen flankiert war. Der Sockel bestand aus schwarzblauem Marmor und war reich verziert mit goldenen Figuren aus der griechischen Sagenwelt. Die lebensechten Details der Skulptur weckten bei vielen Betrachtern das Gefühl, sie würden dem Gott selbst gegenüber stehen. Vor allem ihr gütiger, weiser Gesichtsausdruck war etwas Besonderes, denn Zeus wurde bis dahin meist als Furcht einflößender Blitzeschleuderer dargestellt.

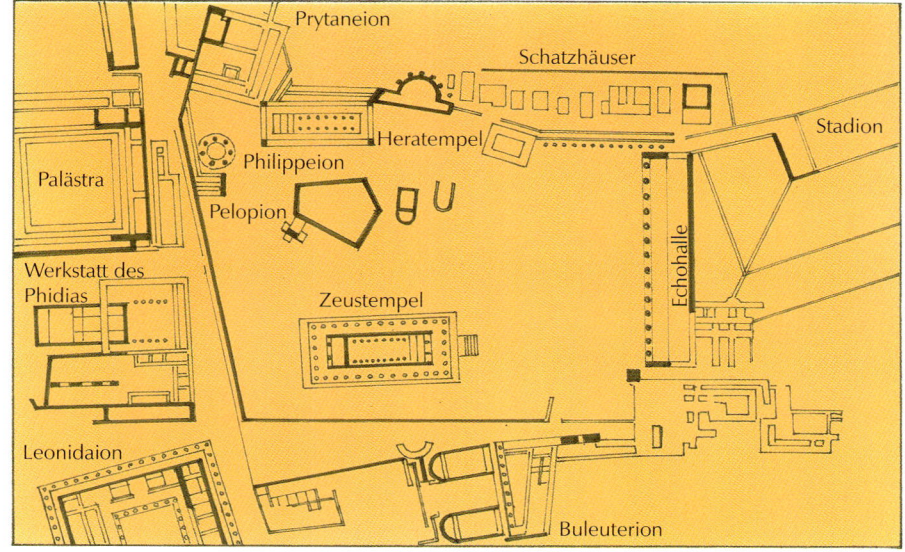

Karte des alten Olympia

Mitte des fünften Jahrhunderts vor Christus errichtete Baumeister Libon im heiligen Olympia einen beeindruckenden Tempel für Göttervater Zeus. Mittelpunkt sollte eine Statue von Zeus werden. Der Priesterrat des Heiligtums war lange auf der Suche nach einem Bildhauer, der die Vollkommenheit eines Gottes in einer Statue einfangen konnte.

Mit Phidias von Athen, dem besten und berühmtesten Bildhauer seiner Zeit, hatten sie ihn gefunden. In unmittelbarer Nähe des Tempels hatte Phidias eine große Werkstatt. Hier baute er mit seinen Gehilfen zunächst ein Gestell aus Eisen, Holz und Gips, das Grundgerüst der späteren Statue. An den Stellen, an denen nachher die Haut des Gottes zu sehen sein sollte, brachte Phidias eine Schicht aus Elfenbein an. Haare, Gewand und Sandalen des Zeus fertigte er aus Gold.

Die Menschen erzählten sich, wer einmal in das Gesicht der Zeus-Statue in Olympia geblickt habe, könne niemals wieder ganz unglücklich werden.

Über Jahrhunderte blieb die Statue im Zeus-Tempel, doch in römischer Zeit wurde sie vernachlässigt. Ende des vierten Jahrhunderts nach Christus, als das Christentum zur Staatsreligion wurde, wurde der Tempel geschlossen und die olympischen Spiele wurden verboten. Was aus der Statue des Zeus wurde, ist nicht sicher. Es wird erzählt, sie sei nach Konstantinopel geschafft und dort später bei einem Palastbrand zerstört worden.

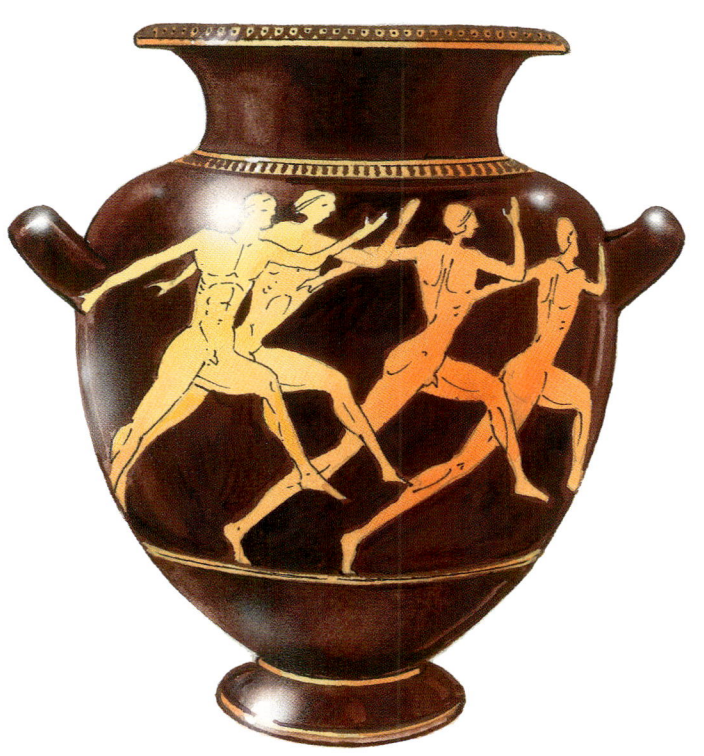

Die sportlichen Wettkämpfe wurden vielfach dargestellt.

Die griechischen Götter

Im alten Griechenland gab es zwölf Hauptgötter und zahlreiche Nebengötter. Jeder Gott war für einen anderen Lebensbereich der Menschen zuständig. Der oberste und mächtigste aller Götter war Zeus. Die Menschen glaubten, er würde Blitze schleudern, wenn er verärgert war. Um die Götter gnädig zu stimmen, war es üblich, ihnen Ziegen, Schafe oder Ochsen zu opfern.

19

Der Tempel der Artemis

Der Tempel der Artemis in Ephesos war einer der prächtigsten und größten Tempel der antiken griechischen Welt. Wegen seiner eindrucksvollen Architektur und der prächtigen Verzierungen kamen Menschen von weit her, um ihn zu besichtigen. Der Tempel wurde auch Artemision genannt.

Die Stadt Ephesos lag in Kleinasien, an der Westküste der heutigen Türkei. Sie war einst eine der wohlhabendsten und schönsten Städte in weitem Umkreis. Die Bewohner von Ephesos verehrten die Göttin Artemis, eine Natur- und Fruchtbarkeitsgöttin. Im sechsten Jahrhundert vor Christus beschlossen sie, Artemis einen prachtvollen Tempel zu bauen.

Architekt Chersiphron aus Knossos und sein Sohn Metagenes errichteten den Tempel auf sumpfigem Boden, weil sie dachten, auf diese Weise würde er bei einem Erdbeben nicht so schnell einstürzen.

Am Tempel herrschte geschäftiges Treiben: Zahlreiche Gläubige strömten herbei, um Artemis zu verehren und die feierlichen Tieropfer mitzuerleben. Händler verkauften Souvenirs, kleine Artemis-Statuen und Tempelnachbildungen.

Wohlhabende Leute aus ganz Griechenland kamen, um hier ihre Wertsachen aufzubewahren oder sich Geld zu leihen. Denn der Tempel diente auch als Bank und Kreditinstitut, da es niemand wagte, von einem so heiligen Ort etwas zu stehlen.

Der Tempel hatte eine Grundfläche von über 100 x 50 Metern – damit war er der größte Tempel in der gesamten griechischen Welt. Ein „Säulenwald" aus 127 etwa 20 Meter hohen Säulen rahmte den Innenraum des Tempels ein. Die Sockel der Säulen waren reich verziert mit farbigen Darstellungen aus dem Leben der griechischen Götter und Helden. Das Dach und die Tore bestanden aus Zedernholz, die Wände aus weißem Marmor. Die Statue der Artemis befand sich im Innenraum.

Im Jahr 356 vor Christus legte ein Mann namens Herostratos Feuer im Tempel. Das Artemision brannte bis auf die Grundmauern nieder. Wie durch ein Wunder war das Allerheiligste, die Statue der Artemis, nicht beschädigt worden. So beschlossen die Bewohner von Ephesos, den Tempel für sie wieder aufzubauen, noch größer und prächtiger als sein Vorgänger. Für die Finanzierung gaben nicht nur die Ephesier bereitwillig ihre Ersparnisse, Menschen aus ganz Griechenland spendeten Geld und Kostbarkeiten.

Viele Jahrhunderte später führte der römische Kaiser Theodosius das Christentum als Staatsreligion ein und verbot alle in seinen Augen heidnischen Tempel. So wurde auch das Artemision geschlossen und zerfiel mit der Zeit immer mehr, bis auch die letzten Steinreste im schlammigen Boden versunken oder als Material für andere Bauwerke verwendet worden waren.

Artemis-Statue:
*Ihre Nase ist leider bei
Grabungsarbeiten zerstört worden.*

Teil des Reliefs der Säulentrommeln

Das Mausoleum von Halikarnassos

Das Mausoleum von Halikarnassos war das gigantischste und prachtvollste Grabmal in der Antike. Die gewaltigen Ausmaße und der großartige Schmuck des Mausoleums machten es zu einem der Sieben Weltwunder. Bis ins Mittelalter stand es in der Stadt Halikarnassos – damit ist es nach den Pyramiden von Gizeh das Weltwunder, das die längste Zeit überdauerte (über 1500 Jahre).

Das Dach des Mausoleums schmückte eine so genannte Quadriga, ein zweirädriger Streitwagen mit vier Pferden. Das goldene Zaumzeug hielten zwei überlebensgroße marmorne Skulpturen: Abbilder des Mausolos und seiner Frau Artemisia. Die Dachpyramide hatte 24 Stufen – sie könnten ein Symbol für die 24 Regierungsjahre von Mausolos gewesen sein.

Vermutlich standen auf der untersten Stufe der Dachpyramide marmorne Löwen hintereinander aufgereiht. Ein Säulengang aus 36 Säulen stützte das Dach. Dazwischen befanden sich prachtvolle Statuen, die wohl die Familie des Mausolos darstellten.

Insgesamt hatte das Bauwerk eine Höhe von über 40 Metern. Die eigentliche Grabkammer mit der Asche des Mausolos befand sich im Inneren des Mausoleums. Der Zugang ist nach der Bestattung mit einem schweren Steinblock verschlossen worden.

Mausolos war ein geschickter und mächtiger Herrscher und regierte im vierten Jahrhundert vor Christus in der Landschaft Karien an der Westküste Kleinasiens. Die Stadt Halikarnassos machte er zu seiner Hauptstadt. Weil Mausolos nach seinem Tod nicht in Vergessenheit geraten wollte, plante er das riesige, prächtig geschmückte Grabmal für sich, das die Menschen in Ehrfurcht versetzen sollte. Mit dem Bau beauftragte er die besten Bildhauer der damaligen Zeit.

Doch Mausolos erlebte die Fertigstellung nicht, denn er starb viele Jahre zuvor. Nach seinem Tod übernahm Artemisia, seine Witwe, die Herrschaft über Karien. Unter ihrer Aufsicht wurde weiter an dem Grabmal des Mausolos gearbeitet. Doch auch sie starb, bevor es fertig war. Die Arbeiter beschlossen, den Bau auf eigene Faust und ohne Lohn zu Ende zu führen, denn in ihren Augen konnte ein derart einzigartiges Bauwerk nicht unvollendet bleiben.

Das Grabmal des Mausolos war in dieser Zeit etwas ganz Besonderes. Zum einen kannten die Menschen damals eher flache, breite Gebäude – Mausolos' Bauwerk aber ragte hoch in den Himmel. Zum anderen beeindruckten die kunstvollen Statuen, Säulen und Verzierungen die Menschen sehr.

Mausolos

Relieffragment

Was ist ein Mausoleum?

Mausolos' Namen ist in gewisser Weise tatsächlich unsterblich geworden, denn mit dem Begriff „Mausoleum", der direkt auf seinen Namen zurückgeht, verbinden wir noch heute gewaltige Grabmäler.

Der Koloss von Rhodos

Der Koloss von Rhodos war eine gigantische Statue. Sie stellte den Schutzgott der Insel Rhodos dar, den Sonnengott Helios. 30 Meter ragte sie in den Himmel – damit war sie fast so hoch wie heute die Freiheitsstatue in New York. Ihre enorme Größe machte sie zu einem der Sieben Weltwunder.

Der Kopf des Sonnengottes wurde sehr wahrscheinlich von einem Strahlenkranz umrahmt. Allein ein Finger des Kolosses soll größer gewesen sein als die meisten anderen Statuen im Ganzen. Es ist überliefert, dass der Koloss auf einem Sockel aus weißem Marmor stand. Wahrscheinlich ist Helios nackt oder nur mit einem Tuch bekleidet dargestellt worden.

Sein Grundgerüst war ein stabiles Eisengestell, das mit Bronzeplatten verkleidet wurde. Zusammen wogen sie etwa 15 Tonnen. Damit der Koloss bei einem Unwetter oder starkem Wind nicht gleich umfiel, wurde er mit schweren Felsbrocken und Steinen gefüllt.

Doch warum wurde diese gigantische Statue gebaut?

Im Jahr 305 vor Christus wurde die Insel Rhodos von einer gewaltigen feindlichen Truppe belagert: Über 40 000 Mann sollen versucht haben, die Stadtmauern zu stürmen – ausgestattet mit Katapulten und gewaltigen Belagerungstürmen. Doch die Bewohner der Stadt harrten aus und wehrten sich, bis die Belagerer schließlich abzogen.

Für diesen Sieg wollten die Rhodier ihrem Schutzgott Helios danken und gaben den Bau der riesigen Statue in Auftrag – sie sollte größer sein als jede andere Statue zuvor. Dieser Wunsch stellte den beauftragten Baumeister Chares von Lindos vor eine große Herausforderung. Denn normalerweise gossen Bildhauer damals die Einzelteile einer Statue aus Bronze und setzten sie anschließend zusammen. Beim Helios-Standbild wären die Einzelteile aber viel zu groß und zu schwer gewesen. Darum entwickelte Chares die völlig neue Bauweise des Eisengestells.

Wo genau der Koloss stand, weiß man heute nicht mehr. Einige Fachleute glauben, sein Platz sei direkt am Hafen gewesen – breitbeinig habe er die Hafeneinfahrt überspannt und mit einer brennenden Fackel in der Hand die einlaufenden Schiffe begrüßt. Andere halten es für wahrscheinlicher, dass er in der Stadt gestanden hat.

Doch der Koloss sollte nicht lange stehen: Nach nur 66 Jahren stürzte er bei einem heftigen Erdbeben um. Aber auch liegend war er noch so beeindruckend, dass viele Menschen nur nach Rhodos kamen, um ihn zu besichtigen. Erst als die Araber im Jahr 653 nach Christus die Insel erobert hatten, wurden die Bronzereste des Kolosses verkauft. Um alle Teile abzutransportieren, brauchte der Käufer angeblich 980 Kamele.

Was ist ein Koloss?

Das griechische Wort „kolossos" bedeutete in der Antike einfach nur Standbild oder Statue. Erst durch die gigantische Helios-Statue auf Rhodos änderte sich die Wortbedeutung: Seitdem bezeichnet der Begriff „Koloss" eine „Riesen-Statue".

Der Pharos von Alexandria

Im vierten Jahrhundert vor Christus eroberte Alexander der Große Ägypten. Alexander war ein bedeutender griechischer Feldherr, der sein Reich von Griechenland bis nach Indien ausdehnte. An der Küste Ägyptens gründete er eine neue Stadt. Sie hieß nach ihm Alexandria.

Alexandria wurde schon bald zur größten und wohlhabendsten Stadt Ägyptens. Ein Grund dafür war der große Hafen, Hauptumschlagsplatz für den Handel mit anderen Ländern. Hier liefen viele Schiffe ein, beladen mit Metall aus dem Westen, Wein und Olivenöl aus Griechenland,

Alexander der Große

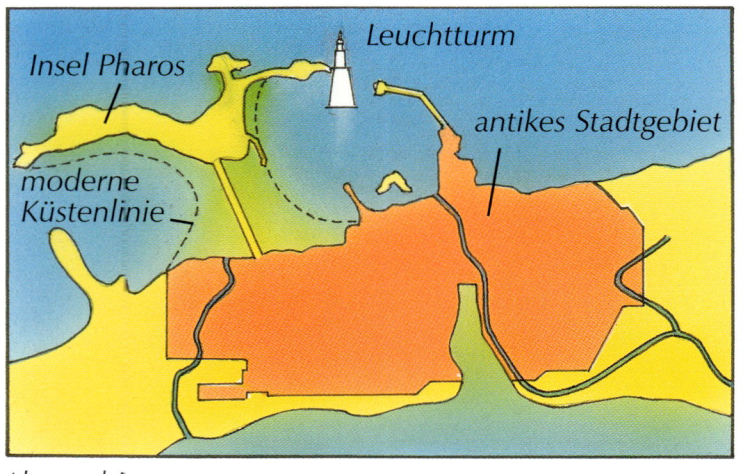

Alexandria

Weihrauch, Myrrhe und Farbstoffen aus dem Osten. Ägypten belieferte andere Länder mit Getreide, Salben, Duftstoffen und Papyrus zum Herstellen von Schriftrollen. Damit die vielen Schiffe den Weg in den Hafen fanden, begann Alexanders Nachfolger Ptolemaios I. im Jahr 299 vor Christus mit dem Bau eines riesigen Turms. Als Standort wählte er die kleine Insel Pharos.

Mit einer Höhe von über 100 Metern war der Pharos der größte Leuchtturm der Antike. Er wies Seeleuten den Weg in den Hafen und warnte sie vor gefährlichen Felsen und Klippen unter der Wasseroberfläche.

Über 1000 Jahre stand der Leuchtturm unversehrt im Hafen von Alexandria, bis ein Erdstoß den oberen Teil zum Einsturz brachte. Inzwischen hatten die Araber die Stadt erobert und den Islam nach Ägypten gebracht. Zu Ehren ihres Gottes Allah errichteten sie auf dem Pharos eine Moschee, ein islamisches Gotteshaus. Mitte des 14. Jahrhunderts zerstörten Erdbeben das Bauwerk vollständig. An seiner Stelle steht heute das Fort Kait Bey.

Der untere Teil des Turms war rechteckig und etwa 60 Meter hoch. Darauf stand der achteckige Mittelteil. Die etwa sechs Meter hohe Statue auf der Spitze stellte wahrscheinlich Zeus Soter dar (der Beiname „Soter" heißt „der Retter").

In der Spitze des Turmes, der Leuchtkammer, brannte nachts ein großes Feuer. Große gebogene Spiegel, wahrscheinlich aus polierter Bronze, verstärkten den Schein der Flammen.

Für das Leuchtfeuer war eine Menge Brennstoff – etwa Holz oder Holzkohle – notwendig. Bis heute ist nicht geklärt, was die Menschen im Pharos verbrannten. Da es im alten Ägypten – genauso wie heute – kaum Bäume gab, könnte das Feuer zum Beispiel mit Öl, Baumharz oder sogar mit Tierdung unterhalten worden sein.

Im Inneren des Turms verlief eine wendelförmige Rampe, auf der vermutlich Pferde oder Maulesel das Brennmaterial nach oben transportierten. Der Eingang zum Pharos lag etwas erhöht. Eine 180 Meter lange Rampe führte zu ihm hinauf. Zahlreiche Fensteröffnungen ließen Licht ins Innere des Pharos.

Der Name „Pharos"

Da der Leuchtturm von Alexandria der erste Leuchtturm der Welt war, gab es auch noch keinen Namen für ein derartiges Bauwerk. Die Menschen benannten ihn deshalb einfach nach seinem Standort, der Insel Pharos. Noch heute ist das Wort „Pharos" in vielen Sprachen die Bezeichnung für „Leuchtturm".

Beeindruckende Bauwerke in der ganzen Welt

Die Sieben Weltwunder gehören zu den beeindruckendsten Bauwerken der Antike. Auch wenn die meisten von ihnen inzwischen zerfallen sind, so reichen allein Erzählungen und die wenigen erhaltenen Überreste, um die Menschen auch nach so langer Zeit noch immer zu faszinieren. Doch die Sieben Weltwunder sind natürlich nicht die einzigen wundervollen Bauten, die im Laufe der Zeit geschaffen wurden: Großartige Tempel, prachtvoll verzierte Grabstätten und Heiligtümer, gigantische Wehranlagen und Statuen sind an vielen Orten auf der Welt entstanden. Und auch heute werden Bauwerke errichtet, die die Menschen immer wieder in Staunen versetzen: Architekten entwerfen kühne Konstruktionen aus Stahl und Glas, die einige hundert Meter in den Himmel ragen. Auf den nächsten Seiten werden einige bemerkenswerte Bauwerke vorgestellt.

Machu Picchu in Peru: Diese unberührte alte Stadt inmitten der peruanischen Berge ist ein einzigartiges Zeugnis der Lebensweise des Inka-Volkes.

Felsenstadt Petra in Jordanien: Die prächtigen Grabmäler und Tempel in der Stadt Petra sind direkt aus dem rötlichen Felsgestein herausgehauen worden und bieten noch heute einen faszinierenden Anblick.

Kolosseum in Rom: Im größten Amphitheater der antiken römischen Welt wurden viele Jahrhunderte lang brutale Kämpfe ausgetragen, die so genannten Gladiatorenspiele. Das Kolosseum verfügt über ein ausgeklügeltes System von Treppen und Gängen, mit dem die vielen Besucher in kürzester Zeit zu ihren Plätzen und wieder hinausgelangten – ein Vorbild auch für moderne Stadien.

Chinesische Mauer: Über viele Jahrhunderte schufteten Arbeiter hart für die Errichtung der längsten Grenzbefestigung der Erde, die das große chinesische Reich vor Feinden schützen sollte.

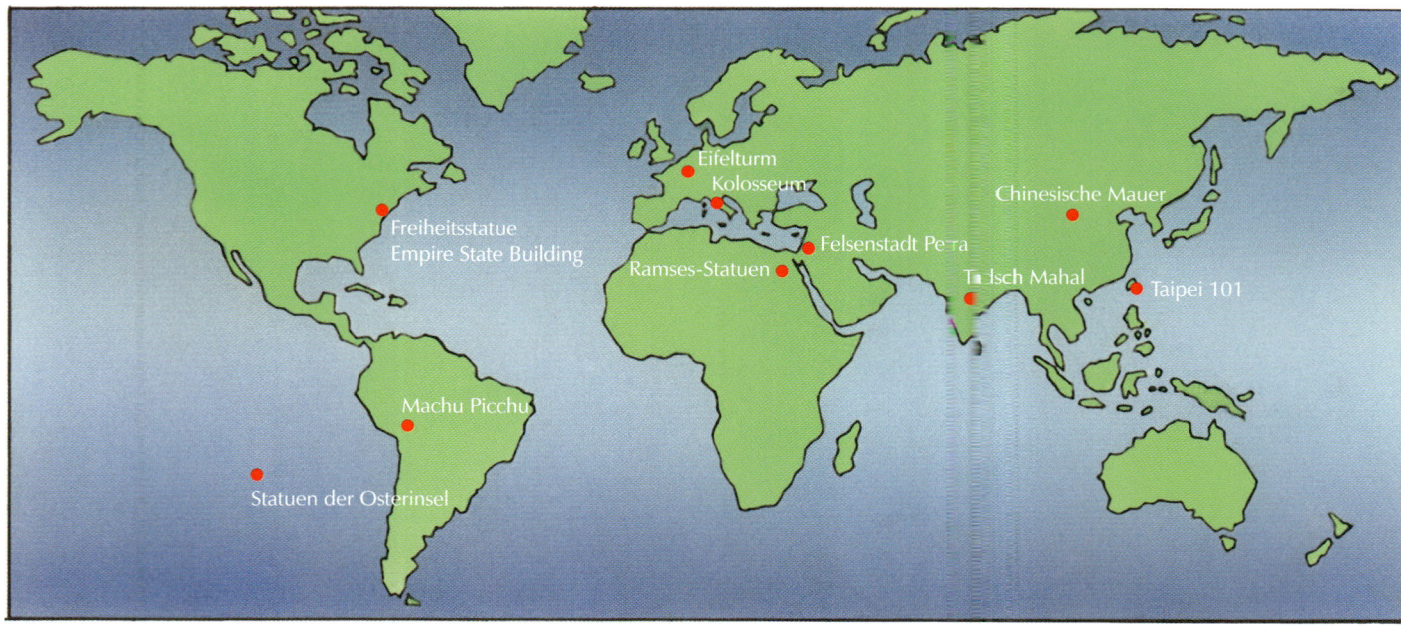

Tadsch Mahal in Indien: Das imposante Grabmal aus weißem Marmor, verziert mit edlen Steinen und feinen Blumenmustern, ließ Schah Dschahan als Liebesbeweis für seine verstorbene Frau errichten.

Statuen der Osterinsel: An den Steilhängen der winzigen Insel weit draußen im Pazifischen Ozean stehen hunderte riesige Statuen, die die Bewohner der Insel einst aus einem Steinbruch gehauen und dorthin transportiert haben.

Freiheitsstatue in New York: Die Freiheitsstatue im Hafen von New York war ein Geschenk aus Frankreich anlässlich der 100-jährigen amerikanischen Unabhängigkeit. Sie ist heute ein Wahrzeichen der Vereinigten Staaten.

Ramses-Statuen von Abu Simbel: Der ägyptische Pharao Ramses II. ließ sich einen beeindruckenden Tempel in die Felswand von Abu Simbel meißeln. Vier riesige Statuen bewachen den Eingang.

Eiffelturm in Paris: Errichtet wurde dieses französische Wahrzeichen anlässlich der Weltausstellung im Jahr 1899. Der schlanke Bau aus Stahlstreben war wegweisend für die hohen Stahlkonstruktionen der heutigen Zeit.

Empire State Building in New York: Über vierzig Jahre lang war das Empire State Building das höchste Gebäude der Welt. Noch heute zieht der Wolkenkratzer in New York mehrere Millionen Besucher pro Jahr an.

Taipei 101 in Taiwan: Wie ein riesiger Bambusstab ragt dieser über 500 Meter hohe Wolkenkratzer in den Himmel von Taiwans Hauptstadt.

Hier ist eine Auswahl an riesigen Gebäuden zu sehen.

Pharos ca. 130 m | Cheops Pyramide 146 m | Ulmer Münster 161 m | Eifelturm 320 m (mit Antenne) | Berliner Fernsehturm 365 m | Emp. St. Build. 381 m 449 mit Antenne | Moskauer TV-Turm 537 m | Sears Tower 443 m 527 mit Antenne | CN-Tower 553 m | Burj Dubai geschätzte Höhe 750–800 m

Die Inka-Ruinenstadt Machu Picchu

Die Ruinenstadt Machu Picchu liegt hoch oben inmitten der bewaldeten Berghänge von Peru. Sie besteht aus über 200 Gebäuden: Die Wohnhäuser, Werkstätten und Tempel sind noch sehr gut erhalten, nur ihre Dächer aus Holzbalken und Stroh haben die Zeit nicht überdauert. In Machu Picchu haben wahrscheinlich einmal bis zu 1000 Menschen gelebt.

Errichtet wurde die Stadt vermutlich in der Mitte des 15. Jahrhunderts von den Inka, einem Volk, das einst über weite Teile Südamerikas herrschte. Welchem Zweck die Stadt diente, ist nicht bekannt. Da die Inka keine Schrift besaßen, gibt es keine Aufzeichnungen, die Auskunft geben könnten. Einige Wissenschaftler vermuten, die Stadt sei eine Art Landsitz des obersten Inka gewesen. Sie könnte aber auch als religiöse Kultstätte gedient haben.

Um auf dem unwegsamen Gelände einen Untergrund für die vielen Gebäude zu schaffen, haben die Inka zunächst viele Terrassen angelegt. Über hundert Treppen mit weit mehr als 3000 Stufen verbinden die verschiedenen Ebenen. Der Bau der Stadt auf dem bergigen Gelände muss sehr schwierig gewesen sein, da die Inka nur einfache Werkzeuge aus Holz, Stein und Bronze kannten. Für den Bau der Häuser verwendeten sie den heimischen weißen Granit.

Das Südtor ist der einzige Zugang zur Stadt. Es ist so schmal, dass ein Lama gerade hindurch passt. Enge Gassen führen durch Machu Picchu. Die meisten Häuser sind klein, denn ihre Bewohner nutzten sie nur zum Schlafen. Der größte Teil des Lebens fand draußen statt. Häufig teilten sich mehrere Häuser einen Hof, in dem die Menschen ihre Alltagsgegenstände aufbewahrten: einen großen Stein zum Mahlen von Korn, getrockneten Lama-Dung als Brennmaterial oder einen Webstuhl zum Herstellen von farbenfrohen Stoffen. Das größte Haus von Machu Picchu mit Bad, Wachhäuschen und einem eigenen Garten gehörte wahrscheinlich dem obersten Inka und seiner Familie.

Eine Treppe führt zum höchsten Punkt von Machu Picchu. An diesem heiligen Ort brachten Priester dem höchsten Gott der Inka, der Sonne, Opfer dar. Das so genannte Intiwatana, ein aus dem Fels gehauener senkrechter Pfeiler, diente den Priestern als eine Art Sonnenuhr. Mit seiner Hilfe konnten sie den Lauf der Sonne verfolgen und so wichtige Daten für die Feldarbeit oder für Festlichkeiten bestimmen.

Außerhalb der Stadtmauer lagen die Felder: Hier bauten die Inka Kartoffeln, Bohnen, Kürbisse, Kräuter und viele verschiedene Maissorten an. Mais war eines der Hauptnahrungsmittel der Inka und Grundlage für Chicha, ihr Maisbier. Die Vorräte wurden im großen Lagerhaus verwahrt.

In der Mitte des 16. Jahrhunderts eroberten die Spanier Südamerika und vernichteten so das Reich der Inka. Machu Picchu entging der Zerstörung, da es so versteckt in den Bergen liegt. Erst knapp 350 Jahre später, im Jahr 1911, entdeckte der amerikanische Forscher Hiram Bingham die verlassene Stadt wieder.

Die Felsenstadt Petra

Die Felsenstadt Petra war einst die Hauptstadt der Nabatäer, einem Nomadenvolk, das sich in einem Tal der südjordanischen Wüste niedergelassen hatte. Das Tal lag versteckt zwischen steilen Felswänden und war nur durch einen schmalen Gebirgspfad oder eine lange, enge Schlucht, den so genannten Siq, zugänglich.

Die Nabatäer errichteten nicht nur kleine, weiß verputze Häuser in der Mitte des Tals, sondern nutzen auch die Felsen am Rand. Sie höhlten den Stein so weit aus, bis richtige Wohnungen mit mehreren Räumen entstanden waren. Auch ihre Toten bestatteten sie dort. Die Nabatäer nannten ihre Stadt „regem", was wahrscheinlich „bunt" bedeutet. Ihr heutiger Name „Petra" stammt aus dem Griechischen und bedeutet „Fels".

Mit der Zeit wurde Petra immer größer und ihre Einwohner immer reicher. Denn ganz in der Nähe verliefen mehrere Karawanenwege, auf denen wertvolle Waren wie Seide, Elfenbein und Gewürze von weit her transportiert wurden. Einer dieser Karawanenwege war die so genannte Weihrauchstraße, eine berühmte Handelsroute, auf der das Harz des Weihrauchbaums aus Süd-Arabien bis an die Mittelmeerküste befördert wurde. Weihrauch war damals eine besonders kostbare Opfergabe. Die günstige Lage ihrer Stadt nutzen die Nabatäer, um Geschäfte zu machen. Sie erhoben Zölle und Abgaben von den vorbeiziehenden Karawanen und trieben selbst Handel. Während ihrer Blütezeit von 200 vor Christus bis 100 nach Christus lebten in der Stadt wahrscheinlich über 30 000 Menschen.

Petras Herrscher brachten es zu immensem Reichtum, von dem sie große Teile für die Errichtung prachtvoller Tempel und Grabmäler ausgaben. Die nabatäischen Baumeister ließen für die Grabmäler den Stein aushöhlen, bis nur noch Wände und Pfeiler stehen blieben. Von außen wurde der Fels zunächst geglättet, damit anschließend die prächtige Fassade von oben nach unten in die Felswand gemeißelt werden konnte. Auf diese Weise entstanden zahlreiche mit Säulen, Giebeln und Statuen verzierte Grabanlagen in den Felswänden. Einst waren diese Monumente bunt bemalt. Heute leuchten die Fassaden in den verschiedensten Rottönen der Felsen – ein beeindruckender Anblick.

Eines der prächtigsten Monumente ist das so genannte „Schatzhaus des Pharao", das zu einem Wahrzeichen Petras geworden ist. Es ist aus der hohen Felswand einer engen Schlucht herausgehauen worden. Seine Fassade ist noch sehr gut erhalten und bietet auch heute, fast 2000 Jahre nach der Erbauung, einen beeindruckenden Anblick: Das Schatzhaus misst über 39 Meter in der Höhe, der untere Teil besteht aus sechs schlanken Säulen. Im oberen Teil erhebt sich eine Tholos, ein Rundtempel, der von einem mächtigen Gefäß gekrönt wird. Dieser Urne verdankt das Schatzhaus seinen Namen: Das Wüstenvolk der Beduinen glaubte, die Urne sei mit königlichen Schätzen gefüllt. Dabei besteht sie vollständig aus massivem Felsgestein. Das Schatzhaus war wahrscheinlich die prachtvolle Grabstätte eines nabatäischen Königs. Aber wer genau hier beigesetzt wurde, ist nicht bekannt.

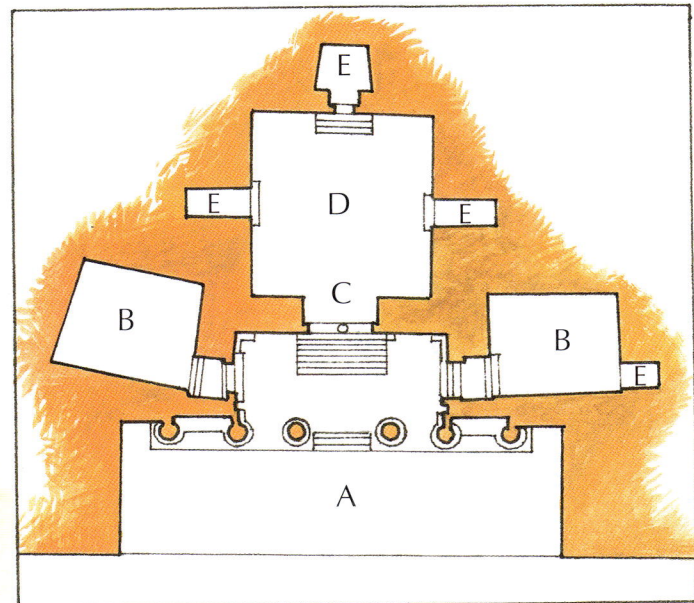

Das Khazne – Grundriß

A   Eingangshalle
B   Seitenräume
C   Opferbecken
D   Großer Saal
E   Nischen

33

Das Kolosseum

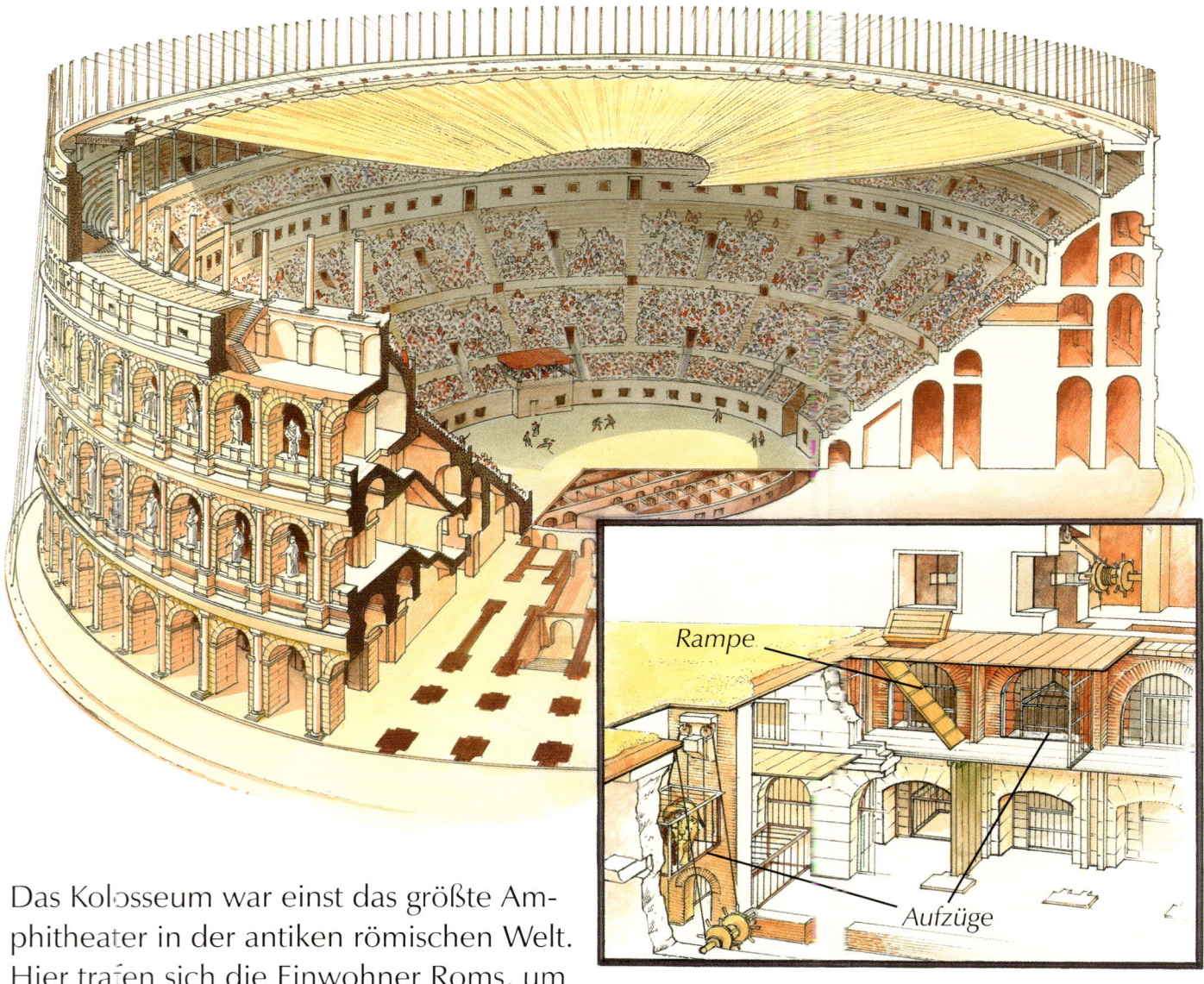

Rampe

Aufzüge

Das Kolosseum war einst das größte Amphitheater in der antiken römischen Welt. Hier trafen sich die Einwohner Roms, um ihrem größten Vergnügen nachzugehen: den Kämpfen von w den Tieren und Gladiatoren zuzuschauen. Der Eintritt zu diesen Gladiatorenspielen war für jedermann frei. Veranstalter der Kämpfe war meist der Kaiser.

Errichtet wurde das Kolosseum vor fast 2000 Jahren im Auftrag des römischen Kaisers Vespasian. Er finanzierte den Bau mit Hilfe von Kriegsbeute. Sein Sohn und Nachfolger Titus eröffnete es nach einer knapp 10-jährigen Bauzeit im Jahr 80 nach Christus: mit einem gigantischen Fest, das 100 Tage dauerte und bei dem 2000 Gladiatoren ihr Leben ließen. Das Kolosseum verdankt seinen umgangssprachlichen Namen einer kolossalen Statue des Sonnengottes, die damals ganz in der Nähe stand. Ursprünglich hieß es „Amphitheatrum Flavium", nach Kaiser Vespasian, der aus der Familie der Flavier stammte.

Die Menschen waren beeindruckt von der außergewöhnlichen Konstruktion und den gewaltigen Ausmaßen des Kolosseums, denn bis dahin hatte es in Rom nichts Vergleichbares gegeben. Das Bauwerk hatte vier Geschosse mit einer Höhe von knapp 60 Metern und seine Fassade war reich geschmückt mit marmornen Skulpturen.

Die 80 Bögen der äußeren Mauer ermöglichten den Zutritt zum Kolosseum. Jeder dieser nummerierten Eingänge führte über Treppen zu einem bestimmten Abschnitt der Zuschauerränge. So erreichten die Besucher rasch ihre Plätze, ohne sich gegenseitig zu behindern. Am Ende der Kämpfe konnte die riesige Menschenmenge das Kolosseum in nur etwa zehn Minuten verlassen. Zwei Eingänge führten gleich zur Loge des Kaisers und seiner Gäste, zwei waren für den Einmarsch der Gladiatoren gedacht.

Im Inneren erhoben sich um die ovale Arena steinerne Zuschauerränge, auf denen über 50 000 Menschen Platz fanden. Es gab eine strenge Sitzordnung: Die vorderen Reihen waren für Reiche und Adelige reserviert, dann kam das gewöhnliche Volk. Frauen und Sklaven mussten mit den Holzsitzen ganz oben Vorlieb nehmen. Ein festes Dach hatte das Kolosseum nicht. Wenn die Sonne zu sehr brannte, ließ sich ein riesiges Sonnensegel über die gewaltige Arena spannen.

Im Kellergeschoss der Arena befand sich ein wahres Labyrinth verschiedener Gänge und Räume. Einige waren Aufenthaltsräume für die Gladiatoren, andere dienten als Tierkäfige oder Lagerräume. Dort wurde alles aufbewahrt, was für die Gladiatorenkämpfe gebraucht wurde: Teile der aufwendigen Kulissen, verschiedene Waffen und Vorräte aller Art.

Der Untergrund der Arena war mit Sand bedeckt. Darunter verbarg sich ein Boden aus Holz mit vielen Klappen und Öffnungen: Mit Hilfe von Aufzügen konnten die Tiere blitzschnell aus ihren Käfigen in die Arena gebracht werden. Auch die Kulissen fanden so ihren Weg nach oben.

Gladiatorenkämpfe

Gladiatoren waren Berufskämpfer, Sklaven und Kriegsgefangene. Es gab auch Römer, die sich freiwillig als Gladiatoren meldeten; sie reizte meist das vermeintliche Abenteuer oder aber das viele Geld, das derjenige bekam, der seine Dienstzeit als Gladiator überstand. Die Kämpfe waren sehr grausam, aber die Römer waren begeistert und jubelten den Gladiatoren zu. Manche von ihnen wurden so zu richtigen Volkshelden.

Die Große Chinesische Mauer

Wie eine riesige Schlange windet sich die Große Chinesische Mauer durch die Steppen-
und Gebirgslandschaft von Nordchina. Doch dieses gigantische Bauwerk besteht nicht
aus einem Stück, sondern aus zahlreichen Abschnitten, die in unterschiedlichen Epo-
chen errichtet wurden: Viele Jahrhunderte vergingen vom Bau der ersten Mauerstücke
bis hin zu der sich weit über 6000 Kilometer erstreckenden Grenzbefestigung. Die Mauer sollte vor allem dem Schutz vor dem Angriff feindlicher Völker dienen.

Die ersten Grenzwälle wurden in China etwa im fünften Jahrhundert vor Christus gebaut. Diese Epoche heißt „Zeit der streitenden Reiche", denn damals wurde das Land
nicht von einem einzelnen Herrscher regiert, sondern war zersplittert in viele verschiedene Herzog- und Fürstentümer, die sich untereinander heftig bekämpften. Um ihre
eigenen Ländereien gegen die gegnerischen Regenten zu sichern, ließen einige dieser
Herrscher Mauern um ihr Land errichten. Dafür verwendeten die Arbeiter meist Lehm,
denn den gab es überall. Zusammengerechnet ergaben diese Einzelmauern bereits eine
Länge von weit über 1000 Kilometern.

Reste der alten Mauer

Yinchuan

Qin Shihuangdi gelang es 221 vor Christus, die verfeindeten Fürsten- und Herzog-
tümer zu einem einzigen chinesischen
Reich unter seiner Herrschaft zu vereinen:
So wurde er zum ersten Kaiser von China.
Jenseits der nördlichen Grenzen seines
Reichs lebten verschiedene Nomadenstämme. Nomaden sind Menschen, die
nicht sesshaft sind und mit ihren Tierher-
den auf der Suche nach neuen Weide-
gründen umherziehen. Immer wieder fie-
len sie in China ein, stahlen den Bauern
die Ernte und raubten Frauen und Kinder.

Zeit der streitenden Reiche (403–221 v. Chr.)

Qin-Dynastie (221–207 v. Chr.)

Han-Dynastie (206 v. Chr.–220 n. Chr.)

Nördl. Wei-Dynastie (386–534)

andere Dynastien (550–1234)

Ming-Dynastie (1368–1644)

Landesgrenze

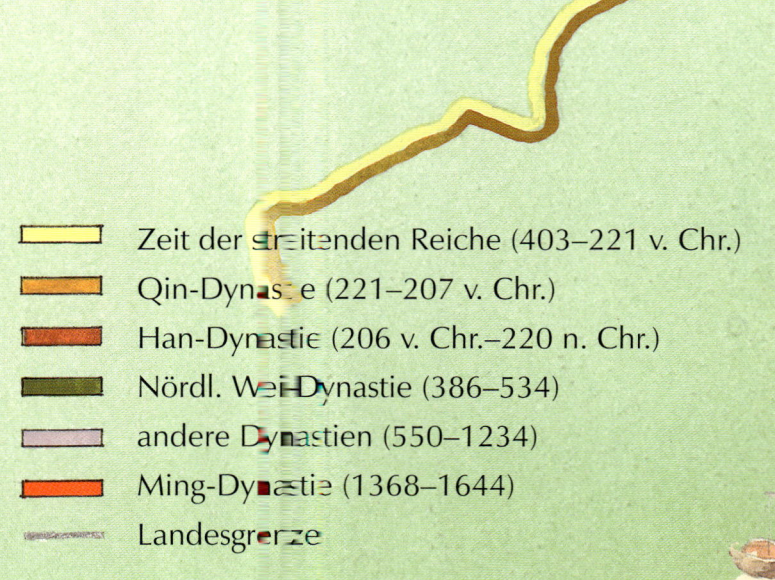

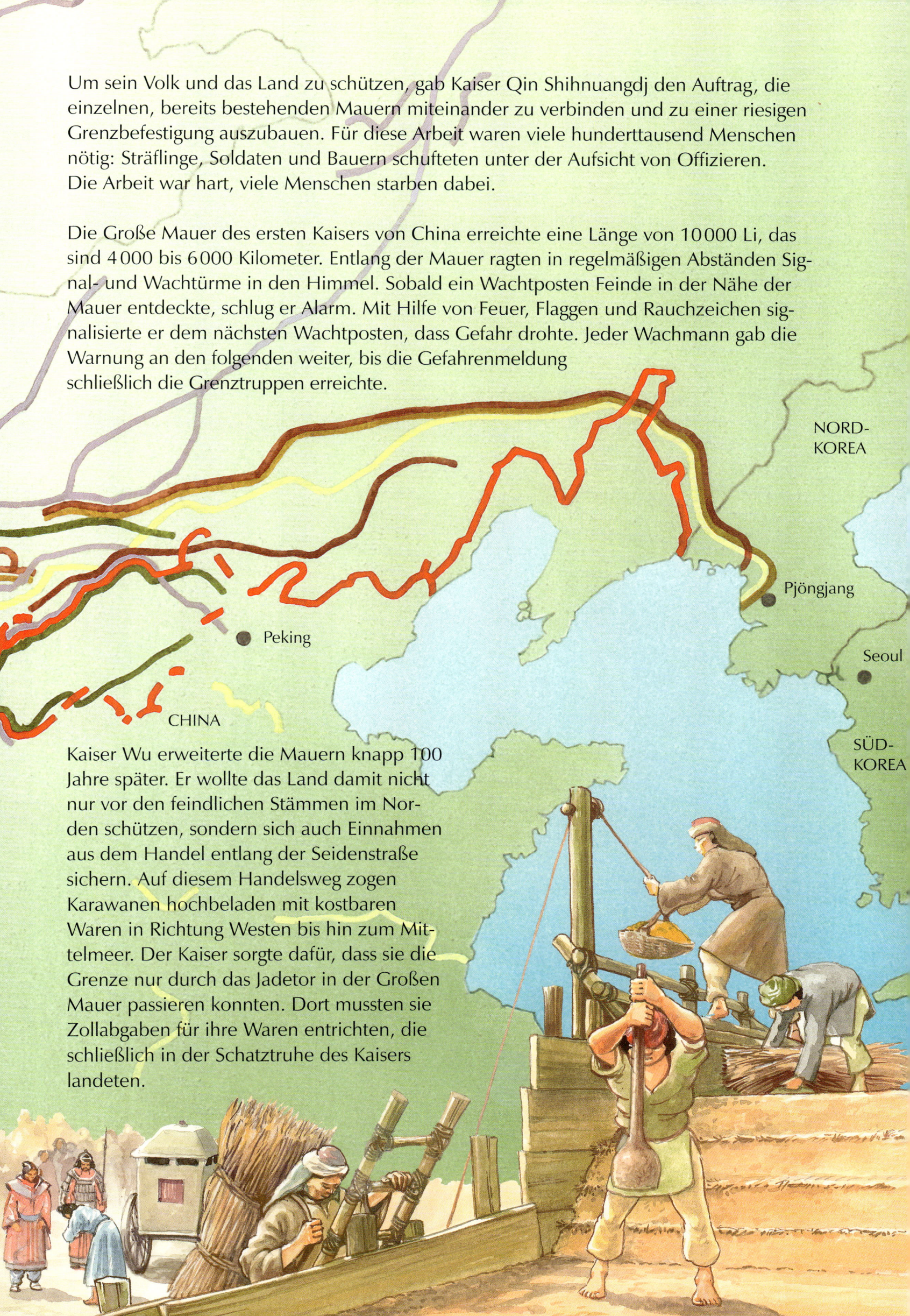

Um sein Volk und das Land zu schützen, gab Kaiser Qin Shihnuangdj den Auftrag, die einzelnen, bereits bestehenden Mauern miteinander zu verbinden und zu einer riesigen Grenzbefestigung auszubauen. Für diese Arbeit waren viele hunderttausend Menschen nötig: Sträflinge, Soldaten und Bauern schufteten unter der Aufsicht von Offizieren. Die Arbeit war hart, viele Menschen starben dabei.

Die Große Mauer des ersten Kaisers von China erreichte eine Länge von 10000 Li, das sind 4000 bis 6000 Kilometer. Entlang der Mauer ragten in regelmäßigen Abständen Signal- und Wachtürme in den Himmel. Sobald ein Wachtposten Feinde in der Nähe der Mauer entdeckte, schlug er Alarm. Mit Hilfe von Feuer, Flaggen und Rauchzeichen signalisierte er dem nächsten Wachtposten, dass Gefahr drohte. Jeder Wachmann gab die Warnung an den folgenden weiter, bis die Gefahrenmeldung schließlich die Grenztruppen erreichte.

NORD-KOREA

Pjöngjang

Seoul

Peking

CHINA

SÜD-KOREA

Kaiser Wu erweiterte die Mauern knapp 100 Jahre später. Er wollte das Land damit nicht nur vor den feindlichen Stämmen im Norden schützen, sondern sich auch Einnahmen aus dem Handel entlang der Seidenstraße sichern. Auf diesem Handelsweg zogen Karawanen hochbeladen mit kostbaren Waren in Richtung Westen bis hin zum Mittelmeer. Der Kaiser sorgte dafür, dass sie die Grenze nur durch das Jadetor in der Großen Mauer passieren konnten. Dort mussten sie Zollabgaben für ihre Waren entrichten, die schließlich in der Schatztruhe des Kaisers landeten.

Die „Ming-Mauer"

Dann geriet die Große Mauer für einige Jahrhunderte in Vergessenheit. Die einst so kriegerischen Nomadenstämme aus dem Norden waren verjagt oder sesshaft geworden und trieben lieber Handel mit ihren chinesischen Nachbarn, als sie zu überfallen. Und so zerfiel die Mauer an vielen Stellen.

In der Ming-Dynastie, Ende des 14. Jahrhunderts, machten die Nomadenvölker des Nordens, allen voran die aus China vertriebenen Mongolen, erneut das Grenzgebiet unsicher. Denn China hatte den Handel mit diesen „Barbaren-Völkern" inzwischen verboten. Am Hof des Kaisers entbrannte eine hitzige Diskussion: Wie sollte den einfallenden Horden Einhalt geboten werden? Einige Berater schlugen einen Feldzug gegen die Feinde vor, andere erinnerten sich an die Grenzbefestigung von einst. Warum nicht die Große Mauer reparieren und erweitern? Da der Ausbau der Mauer weniger kosten würde als ein Krieg, wurde dieser Vorschlag umgesetzt.

Querschnitt

Bisher waren die Mauern vorwiegend aus gestampftem Lehm errichtet worden, die neuen sollten stabiler werden als je zuvor. So führten die Baumeister der Ming-Dynastie neue Methoden ein:

Die östliche Mauer, die die Hauptstadt Beijing vor den Angriffen der Mongolen schützen sollte, ließen sie aus einem Mittelteil aus gestampfter Erde und Kiesel fertigen, der mit mehreren Lagen Steinen und Ziegeln ummantelt wurde.

Die Ming-Mauer ist zwischen sechs und neun Metern hoch und so breit, dass fünf Reiter nebeneinander Platz auf ihr haben. Rampen führen auf die Oberseite der Mauer, damit die Wachmänner mit ihren Pferden nach oben gelangen konnten. Mit Zinnen versehene Wehrgänge boten den Soldaten Schutz und Deckung vor dem Feind. Auch die Ming-Mauer verfügt über ein System aus Wach- und Signaltürmen. Schätzungen zufolge sollen es über 30 000 Türme gewesen sein.

Zu den Mauern gehörten gigantische Festungen, die wie kleine Städte aufgebaut waren. Zum Schutz der Bewohner gab es Bunker, in denen sie sich bei Angriffen verstecken konnten. Zugbrücken sorgten dafür, dass kein Unbefugter hineingelangen konnte. Tiere fanden Unterschlupf in eingezäunten Feldern oder Gehegen.

Es sind vor allem noch die Mauerteile erhalten, die in der Ming-Dynastie erbaut wurden. Der Mauerabschnitt bei Badaling 80 Kilometer nördlich von Beijing ist prächtig restauriert worden. Jährlich kommen viele tausend Menschen, um das längste Bauwerk der Welt zu bestaunen. Die Große Mauer von heute ist eine der größten Touristenattraktionen der Volksrepublik China.

Der Tadsch Mahal

Der Tadsch Mahal in Indien gilt als eines der schönsten Bauwerke der Welt: Majestätisch ragt er 70 Meter in den Himmel. Die riesige, über 12 000 Tonnen schwere Kuppel krönt eine neun Meter hohe Spitze aus Bronze. Blumenabbildungen und filigrane Muster schmücken die Außenhaut aus weißem Marmor. An jeder Ecke des quadratischen Grundrisses steht ein etwa 50 Meter hoher, schmaler Turm. Diese Minarette neigen sich leicht nach außen, damit sie bei einem Erdbeben nicht auf das innere Gebäude stürzen.

Bauen ließ dieses beeindruckende Monument Schah Dschahan in Erinnerung an seine über alles geliebte Frau Mumtaz Mahal. Einer Legende zufolge verliebte sich Prinz Khurram auf den ersten Blick unsterblich in die anmutige Adelige Ardschumand Bano Begum. Fünf Jahre später führte er sie schließlich als seine Braut in den kaiserlichen Palast. Sie war so schön, dass sie den Kosenamen „Mumtaz Mahal", „Perle des Palasts", erhielt.

Prinz Khurram bestieg 1628 den Thron und regierte fortan als Schah Dschahan über das Mogulreich, ein riesiges Gebiet, das große Teile des heutigen Indiens, Pakistans und auch Afghanistans umfasste. Knapp 20 Jahre lang waren Schah Dschahan und seine Frau unzertrennlich, bis Mumtaz bei der Geburt ihres 14. Kindes starb. Es wird erzählt, sie habe ihren Mann auf dem Sterbebett gebeten, er solle ihrer einzigartigen Liebe ein Denkmal setzen. So beschloss Schah Dschahan, für Mumtaz das schönste Mausoleum errichten zu lassen, das die Welt je gesehen hatte.

Über 20 Jahre sollte es dauern, bis der Tadsch Mahal schließlich fertig war: Dschahan erwarb ein Stück Land am Ufer des Flusses Jamuna in der Nähe der Stadt Agra. Darauf errichteten Arbeiter ein Grundgerüst aus Ziegelsteinen, verstärkten es mit hölzernen Stangen und Eisenbändern und verkleideten es anschließend mit weißem Marmor. Um die gigantischen Marmorblöcke die vielen Kilometer von der Miene in Radschasthan zur Baustelle zu transportieren, waren tausend Elefanten nötig. Die Pläne für dieses außergewöhnliche Kunstwerk stammten vermutlich von den besten Baumeistern des Orients oder von einem Architekten aus Venedig.

Nur die geschicktesten Handwerker durften die Oberflächen mit feinen Blumenmustern, religiösen Versen, Mosaiken und Marmorschnitzereien verzieren. Dafür ließ Schah Dschahan die schönsten und kostbarsten Materialen – unter anderem Lapislazuli, Türkise, Kristalle, Korallen und Diamanten – liefern. Für die insgesamt über 20 000 Arbeiter wurde ganz in der Nähe der Baustelle eine eigene Siedlung mit großem Markt errichtet. Sie existiert noch heute unter dem Namen Tasch Gandsch.

Mumtaz Mahal wurde in einer Krypta, einem unterirdischen Grab, im Inneren des Tadsch Mahal bestattet. Auch Schah Dschahan fand dort nach seinem Tod die letzte Ruhe, obwohl er für sich selbst ein eigenes Grabmal am gegenüberliegenden Flussufer geplant hatte: Es sollte das genaue Gegenstück des Tadsch Mahal werden, allerdings mit schwarzem Marmor verkleidet. Doch sein Sohn und Nachfolger Schah Aurangszeb überging diesen Wunsch und ließ seinen Vater neben seiner Mutter beisetzen. Damit waren Schah Dschahan und seine große Liebe Mumtaz Mahal wieder vereint.

Berühmte Statuen

Die Statuen der Osterinsel

Die Osterinsel liegt weit draußen im Südpazifik, über 3 700 Kilometer von der südamerikanischen Küste entfernt. An diesem entlegenen Ort ließen sich ab dem fünften Jahrhundert Seefahrer aus Polynesien nieder. Die Bewohner der Insel errichteten im Laufe der Zeit hunderte riesiger Statuen, die in ihrer Sprache „moais" heißen. Die meisten von ihnen stehen an der Steilküste. Mit dem Rücken zum Meer scheinen sie über die Insel zu wachen. Alle moais haben eine ähnliche Form:

Ein lang gezogener Kopf sitzt auf einem Oberkörper; Beine haben die Statuen nicht. Die Gesichter der Statuen wurden direkt im Steinbruch in den Fels gemeißelt, danach erst lösten die Arbeiter die gesamte Figur aus dem Gestein. Zum Schluss erhielten die Statuen Augen, die aus weißen Korallen und rotem Stein gefertigt waren. Einige Statuen bekamen zusätzlich einen tonnenertigen Kopfschmuck, den „Pukao", aufgesetzt. Für die Bewohner muss es schwierig gewesen sein, die bis zu zehn Meter hohen Statuen vom Steinbruch bis an die Küste zu transportieren. Vermutlich nutzten sie dafür Schlitten, die sie über hölzerne Rollen zogen.

Bis heute ist auch noch nicht endgültig geklärt, welchem Zweck die moais dienten. Wahrscheinlich stellten sie berühmte Häuptlinge oder verehrte Ahnen dar. Irgendwann hörten die Bewohner der Osterinsel jedoch auf, moais zu errichten. Vermutlich hatten sie im Laufe der Zeit für den Transport ihrer Statuen so viele Bäume gefällt, dass es keinen Wald mehr auf der Insel gab.

Die Freiheitsstatue

Mit einer Fackel in der Hand begrüßt die Freiheitsstatue seit über 120 Jahren Reisende und Einwanderer, die mit dem Schiff nach New York kommen – ganz ähnlich wie einst der Koloss von Rhodos. Auf der kleinen Insel „Liberty Island" (auf deutsch „Freiheitsinsel") direkt vor dem Hafen der Stadt wurde sie im Jahr 1886 errichtet. Samt Sockel misst sie über 90 Meter. Auf ihrem Kopf sitzt eine Krone mit sieben Zacken, die für die sieben Weltmeere oder die sieben Kontinente Nord- und Südamerika, Europa, Asien, Afrika, Australien und Antarktis stehen. Ihre Fackel wurde im Jahr 1986 erneuert und mit Gold überzogen. Die Freiheitsstatue gilt als ein Wahrzeichen der Vereinigten Staaten.

Die Ramses-Statuen

Der ägyptische Pharao Ramses II. ließ sich einen prächtigen Tempel in die Felswand von Abu Simbel hauen. Ramses II. herrschte von 1279 bis 1213 vor Christus über Ägypten und wollte durch den Bau des Tempels die Macht und Stärke seines Reiches zeigen. Rechts und links vom Tempeleingang befinden sich je zwei riesige Statuen, die den Pharao in sitzender Haltung zeigen. Jede von ihnen ist über 20 Meter hoch. Heute steht der

Tempel nicht mehr an seinem ursprünglichen Platz. Denn in den 60er Jahren des vorigen Jahrhunderts wurde der Assuan-Staudamm gebaut, der den Nil staut und so weite Teile des Landes überflutet – darunter auch Abu Simbel. Um den Tempel und die Statuen zu retten, haben Arbeiter alles Stück für Stück auseinandergebaut und auf einem höher gelegenen Areal wieder zusammengesetzt.

Moderne Bauten

Eiffelturm

Der Eiffelturm in Paris ist eines der bedeutendsten Wahrzeichen Frankreichs. Konstruiert hat ihn der berühmte französische Ingenieur Alexandre Gustave Eiffel für die Weltausstellung im Jahr 1889. Für sein außergewöhnliches Bauwerk nutzte Eiffel die damals neue Technik des Skelettbaus: So ließ er den schlanken Turm nicht aus massiven Steinen errichten, sondern aus miteinander verbundenen Stahlstreben. Das macht ihn besonders stabil. Bei seiner Eröffnung brachte es der Eiffelturm auf eine Höhe von 300 Meter: Damit war er das höchste Gebäude der Welt. Ursprünglich sollte er nur für die Dauer der Weltausstellung stehen bleiben und spätestens nach 20 Jahren wieder abgerissen werden. Doch seine Höhe machte ihn zu einem perfekten Übermittler für die ersten transatlantischen Funkverbindungen. Und so steht er bis heute im Zentrum von Paris.

Empire State Building

John Jacob Raskup hatte Ende der 20er Jahre des letzten Jahrhunderts ein großes Ziel: Er wollte mit dem Empire State Building das höchste Gebäude der Welt errichten. Am 1. Mai 1931 war es dann soweit: Der damalige amerikanische Präsident Herbert Hoover eröffnete den mit 102 Etagen und 381 Metern höchsten Wolkenkratzer der Welt: das Empire State Building. Aber nicht nur seine Größe, sondern auch seine kurze Bauzeit war ein Rekord: Es hatte nur ein Jahr und 45 Tage gedauert, bis das Gebäude fertig war. Ein Skelett aus 60 000 Tonnen Stahl stützt das gigantische Bauwerk, das außen mit farbigem Marmor verkleidet ist. Mit der Eröffnung des World Trade Centers im Jahr 1972 (das durch einen Terroranschlag am 11. September 2001 einstürzte) verlor das Empire State Building den Status des höchsten Gebäudes der Welt. Trotzdem zieht es pro Jahr immer noch viele Millionen Menschen in seinen Bann.

Taipei 101

508 Meter ist er hoch, der zweithöchste Wolkenkratzer der Welt: Der Taipei 101 steht in Taipeh, der Hauptstadt Taiwans. Benannt wurde er nach seinem Standort und der Anzahl seiner Stockwerke. Das Aussehen des gigantischen Hochhauses ist einem Bambusstab nachempfunden. Seine gläserne Fassade schimmert grünlich. Der Wolkenkratzer muss enormen Belastungen standhalten können, denn Taiwan wird häufig von starken Erdbeben erschüttert. Damit der Wolkenkratzer dabei nicht einstürzt, hängt in seinem Inneren ein riesiges, schweres Pendel: Wenn die Erde bebt, soll es die gewaltigen Erdstöße auffangen und so das Gebäude vor einem Einsturz bewahren. Im Taipei 101 sind unter anderem die Börse Taiwans sowie ein riesiges Einkaufszentrum untergebracht. Der schnellste Aufzug der Welt befördert Besucher mit einer Geschwindigkeit von etwa 1000 Metern pro Minute zu einer Aussichtsplattform im 89. Stock.

Höher, immer höher

Immer wieder entstehen neue Hochhäuser, die noch weiter in den Himmel ragen und sich so gegenseitig den Titel des höchsten Gebäudes der Welt streitig machen. Zur Zeit wird in Dubai emsig am Burj Dubai, dem „Turm von Dubai", gearbeitet, der bereits während der Bauphase zum höchsten Wolkenkratzer der Welt wurde. Wenn er vollendet ist, soll er weit über 700 Meter hoch sein.